24 mai 1852

CATALOGUE

D'UNE

PRÉCIEUSE COLLECTION

DE

TABLEAUX

DES ÉCOLES
FRANÇAISE, FLAMANDE ET HOLLANDAISE

Formant le Cabinet de Monsieur le Comte de M***

DONT LA VENTE AURA LIEU

AU NOUVEL HOTEL DES COMMISSAIRES-PRISEURS
Rue Drouot

GRANDE SALLE DES OBJETS D'ARTS

Le Lundi 24 Mai 1852, à une heure

Par le ministère de M. **BIDEL**, Commissaire-Priseur
335, rue Saint-Honoré;

Assisté de M. **FERDINAND LANEUVILLE**, Expert
73, rue Neuve-des-Mathurins.

Chez lesquels se distribue le présent Catalogue.

EXPOSITION PARTICULIÈRE
Le Samedi 22 Mai 1852, de huit à deux heures

EXPOSITION PUBLIQUE
Le Dimanche 23 Mai, de midi à quatre heures.

PARIS

IMPRIMERIE ET LITHOGRAPHIE MAULDE ET RENOU
rue des Fossés-St.Germain l'Auxerrois, 14.

1852

CONDITIONS DE LA VENTE.

Elle se fera au comptant.

Les acquéreurs paieront, en sus des adjudications, cinq pour cent applicables aux frais de vente.

CE CATALOGUE SE DISTRIBUE

A Londres.......	Chez Nieuwenhuys.
	Farer.
	Mawson, 3, Berners St. Oxford St.
A Bruxelles.....	Et. Leroy.
A Amsterdam....	Dewries.
A Rotterdam....	Lamme.
A Lille..........	Tencé Père.

AVANT-PROPOS.

La magnifique collection de Tableaux dont nous publions aujourd'hui le Catalogue est peut-être la seule, depuis la vente mémorable de la collection Perregaux, qui réunisse une aussi grande quantité de chefs-d'œuvre; elle est exclusivement composée des meilleurs maîtres des écoles flamande, hollandaise et française, qui n'y sont représentés que par des œuvres de premier choix. Tous ces admirables peintres, tels que P. de Hoogh, Karel Dujardin, Hobbéma, Guillaume et Adrien Van den Velde, Denner, dont les Tableaux précieux sont devenus si rares, et qui le plus souvent font défaut dans les Musées, ont fourni à cette galerie leur contingent de chefs-d'œuvre, et pourtant le nombre des Tableaux qui composent cette collection est des plus restreints : mais il n'en est pas un qui ne soit une œuvre capitale, et qui à lui seul ne soit capable de faire la réputation d'une galerie ou d'un musée.

L'énumération des maîtres qui composent cette collection va fournir la preuve de ce que nous avançons, et, répétons-le encore une fois, il n'est pas un seul de leurs Tableaux qui ne prenne rang parmi les plus remarquables productions de son auteur. Ces maîtres sont : Backhuysen, Berghem, Both d'Italie, Albert Cuyp, Denner, Hobbéma, Pierre de Hoogh, Karel Dujardin, Van der Neer, Adrien Van Ostade, Rembrandt, Ruysdaël, Téniers,

Adrien et Guillaume Van den Velde, Weenix, Wouvermans, Greuze, Watteau.

On serait embarrassé pour faire un choix parmi tant de noms illustres, parmi tant d'œuvres éclatantes ; néanmoins, il en est quelques-unes qui sont tellement hors ligne, que nous ne pouvons nous dispenser d'en dire quelques mots.

Parlons d'abord des véritables raretés que renferme cette collection. En première ligne, nous trouvons trois portraits de Balthazar Denner, portraits d'une incontestable authenticité, qui représentent le père et la mère du peintre et l'artiste lui-même. Personne n'ignore que c'est à peine si les souverains peuvent se procurer des œuvres de ce maître si rare et si précieux, et nous en trouvons ici trois également remarquables par leur admirable fini, la beauté de leur effet, et la vérité de leur couleur, et qui sont regardés partout comme les chefs-d'œuvre de Denner.

Nous pouvons en dire autant de la marine de Guillaume Van den Velde, représentant un temps calme ; on sait combien il est difficile de rencontrer de ses tableaux. Le Louvre ne possède rien de lui ni de Denner; le tableau dont nous parlons est un des plus beaux et des plus importants qu'ait jamais peints G. Van den Velde.

Karel Dujardin, qui est aussi un des plus rares parmi les maîtres difficiles à rencontrer, est représenté ici par un de ses tableaux les plus finis et les plus parfaits, « Site du Midi de la France. »

Il est impossible de rencontrer deux tableaux plus précieux d'exécution que le « Bétail dans une prairie », et « les Vaches au bord d'un ruisseau », d'Adrien Van den Velde. Les deux tableaux d'Adrien Ostade : « Intérieur rustique » et « le Joueur de vielle » peuvent être rangés parmi les plus remarquables de ce peintre qui n'a fait que des chefs-d'œuvre ; toutes ses charmantes qualités de finesse, de naturel, de coloris, s'y retrouvent à une haute puissance.

Le peintre des fêtes galantes, l'immortel Watteau, est représenté par des toiles que les Vénitiens lui envieraient, entr'autres « le Repos de Chasse », œuvre capitale colorée comme un Véronèse et qui n'a d'égale que celle qui lui fait pendant, et que le marquis d'Hertford a payée mille livres sterling ; et « la Conversation », ravissant petit échantillon de ce talent si souple et si gracieux.

Citons encore un Rembrandt, magique d'effet et de lumière, « la Résurrection du Lazare » ; un « Intérieur », de P. de Hoogh, large d'exécution, magnifique de couleur, et offrant un effet piquant comme cet artiste les affectionne ; — « un Corps de garde » de Téniers, magnifique peinture spirituellement touchée ; — le « Coche » de Wouvermans, véritable diamant ; — le « Soir » de Berghem, page pleine de lumière, d'espace et de poésie ; — « un Pâturage », de Cuyp ; — « un Clair de lune », de Van der Neer.

Arrêtons-nous cependant, car si nous nous laissions aller au désir d'énumérer tous les chefs-d'œuvre de cette collection, nous aurions bientôt, de tableau en tableau, mentionné la collection tout entière. En ne considérant que la haute valeur des œuvres, nous n'hésiterions pas : mais ce serait faire le Catalogue dans l'avant-propos. De telles œuvres, du reste, se recommandent plus par elles-mêmes que par des appréciations quelles qu'elles soient. Mettons donc un terme à cette nomenclature trop longue, et cependant impuissante à comprendre tous les admirables tableaux dont se compose cette collection, et rappelons en terminant que nos appréciations sont d'avance sanctionnées aux yeux du public, qui n'ignore pas quel est l'homme éminent dont le goût exquis a rassemblé ce choix précieux d'œuvres si belles, si rares et d'une si haute valeur.

DÉSIGNATION

DES

TABLEAUX

N° 1.

BAKHUYSEN (Ludolph).

Marine. Vue prise dans les environs de Flessingue.

Au premier plan, deux pêcheurs vident un panier, et un troisième les regarde, une pelle à la main; à droite est un bateau contenant deux hommes, et dans lequel un autre s'apprête à entrer; quelques bâtiments complètent la composition.

Toile.

N° 2.

BERGHEM (Nicolas Klaas, dit).

Le Soir.

Au milieu d'un vaste paysage au terrain accidenté et aux motifs variés, des paysans se rendent au marché. On découvre à gauche une fertile vallée ; à droite, sur le premier plan, une femme s'avance, montée sur une vache, avec des paniers de volaille suspendus de chaque côté. Elle est accompagnée d'un homme à pied ; un âne chargé, trois moutons et une chèvre la précèdent. A quelque distance, on voit d'autres paysans et des bêtes à cornes. Le paysage se termine par de hautes montagnes.

(Collection de la duchesse de Berry).   Toile.
Gravé par Lebas.
Catalogue de Smith, p. 68.

N° 3.

BOTH (Jean, dit Both d'Italie).

Paysage.

Sur le premier plan, à gauche, s'élèvent des ruines, au pied desquelles un groupe d'hommes du peuple et de lazzaroni est occupé à jouer aux cartes ; à gauche est une route que suit un paysan, monté sur un âne. On aperçoit au fond un port animé d'un grand nombre de figures. Une teinte chaude est répandue par tout le tableau.

Bois.

N° 4.

CUYP (Albert).

Pâturage.

Au premier plan, deux vaches sont couchées dans la prairie; entre elles, et un peu plus loin, une troisième est debout; derrière celle-ci est un berger qui semble s'entretenir avec une femme et une jeune fille assises à droite. Ce groupe se détache sur une montagne d'un ton chaud et vaporeux. Du même côté, un grand arbre s'élève au premier plan. Le tableau est terminé au fond par une rivière et des montagnes.

(Du Cabinet du prince baron Dolgorouky).   Toile.

N° 5.

DENNER (Balthasar).

Portrait d'une femme de cinquante à soixante ans.

Le visage est sillonné de rides qui disparaissent pour peu qu'on s'éloigne du tableau. La franchise du ton, la vérité de la couleur, l'effet large et brillant de la tête et des draperies, feraient croire que le peintre a voulu sacrifier les détails; et cependant il est impossible de les découvrir tous sans le secours d'une forte loupe. Ce portrait est, de l'avis unanime des connaisseurs, le chef-d'œuvre de ce peintre.

Signé, et daté de Londres, 1724.   Cuivre.

N° 6.

DENNER (Balthasar).

Portrait d'un homme âgé.

Cette tête, vue de trois quarts, et qu'on croit être celle du père de l'artiste, est du fini le plus précieux et d'un bel effet.
(De la galerie Winckler).   Toile.

N° 7.

DENNER (Balthasar).

Portrait du peintre.

Toile.

N° 8.

GREUZE (J.-B.)

Psyché couronnant l'Amour.

Composition de quatre figures.

Toile.

N° 9.

HOBBEMA (M.)

Paysage.

A gauche, un cours d'eau, traversé par un pont rustique, passe à travers de beaux arbres : sur le pont, deux personnages sont en train de causer. Sur le premier plan à droite, on voit un chemin tournant, sur lequel sont deux paysans en conversation, un chien, une chèvre et quelques moutons. A peu de distance, trois chaumières s'élèvent au milieu d'un bois. Un gai rayon de soleil traverse cette scène.

Signé et daté, 1603. Toile.

N° 10.

HOOGH (Pierre de).

Intérieur d'un appartement.

Assis devant une table, un cavalier et une dame sont occupés à jouer aux cartes. Une servante verse un verre de vin.

(De la Collection de M. Pastor, de Genève.)   Toile.

N° 11.

JARDIN (Karel du).

Site du Midi de la France.

Au milieu du tableau, on voit un troupeau de bœufs conduit par un homme à cheval, qui lève un bâton pour frapper un des animaux qui s'écarte. Le troupeau est suivi par un vieux pâtre qui dirige les bœufs avec un bâton, et un jeune berger qui joue du flageolet. Sur le premier plan on voit un chien, quelques plantes, et deux troncs d'arbres couverts de mousse. Au fond, à gauche, sont des ruines. Le ciel est chargé de nuages, et le ton vigoureux et chaud du tableau indique une journée d'été par un temps de pluie.

(Du Cabinet de M. Randon de Boissel).

Gravé au trait chez Klauber.   Toile.

N° 12.

—

MADOU.

—

Scène de jalousie.

Intérieur, avec de nombreuses figures.

Bois.

N° 13.

—

METSYS (Jean).

—

Bethsabée.

N° 14.

NEER (Ant. Van Der).

Clair de lune.

Un village est traversé par une route, sur laquelle on voit cinq personnages, dont un à cheval. A droite est un étang où nagent plusieurs canards. Sur le premier plan, on voit une roue cassée et quelques pièces de charpente.

Toile.

N° 15.

OSTADE (Adrien Van).

Intérieur rustique.

De tous côtés, des objets pittoresques sont disposés avec art. A gauche, près d'une cheminée, une femme, assise sur une chaise basse, allaite son enfant; près d'elle un homme coupe un morceau de pain. Deux enfants sont à une table : l'un d'eux, vêtu d'une jaquette jaune, est en train de boire; l'autre joue avec un chien.

Daté, 1647. Bois.
Gravé par Ostade.
Catalogue de Smith, p. 186.

N° 16.

OSTADE (Adrien Van).

Le Joueur de vielle.

Devant une auberge de campagne, une famille de paysans écoute un joueur de vielle. Assis en dehors, le père tient d'une main un verre de bière, et de l'autre une pipe : sept enfants sont groupés autour du musicien : l'un d'eux sur le devant, assis à terre, tourne le dos au spectateur. Dans l'intérieur de la maison, la mère contemple cette scène, appuyée sur une demi-porte ; à côté d'elle est un serviteur ; à droite au second plan, trois paysans assis autour d'un tonneau boivent et fument en devisant. On voit au fond des arbres et une habitation. Un coq et deux poules picotent çà et là.

(Du Cabinet de l'amiral Reibak, ci-devant du général Betzhy, à Saint-Pétersbourg).

Gravé au trait chez Klauber.   Bois.

N° 17.

REMBRANDT.

La Résurrection de Lazare.

Dans l'intérieur d'une grotte, le Christ, debout sur la pierre qui recouvrait la tombe, ordonne à Lazare de se lever : celui-ci se soulève, et bien qu'il ait encore toutes les apparences physiques de la mort, on voit sur son visage se peindre une touchante expression de reconnaissance. Marthe et Marie, ainsi que plusieurs Juifs, parents ou amis, se pressent autour du tombeau : l'étonnement et le bonheur se manifestent sur toutes les physionomies. Aux parois de la grotte sont suspendus un turban, un carquois et un cimeterre.

(De la galerie Winckler).   Bois.

Gravé au trait et légèrement terminé par Klauber.

N° 18.

REMBRANDT.

*adjugé 8.000 ... M. Brani [?]
pour ... l'Empereur de Russie*

Portrait d'homme.

Il porte un bonnet de velours noir et un manteau de la même couleur : sa main droite est placée dans son pourpoint.

Bois.

N° 19.

REMBRANDT (Attribué à).

adjugé 530

Paysage.

Une femme est assise au pied d'un grand arbre placé à l'entrée d'une forêt, dans laquelle entre un homme : à droite sur le devant, deux figures, des moutons, de l'eau, des canards; plus loin une forteresse.

(De la galerie Winckler). Bois.

N° 20.

RUBENS (P.-P.).

Hercule et Omphale. *adjugé 5400 à Mr Lanenielle*

Composition de plusieurs figures.
Catalogue de Smith.   Toile.

N° 21.

RUBENS (P.-P.).

Portrait d'Élisabeth Formann. *adjugé 580*

La femme de Rubens est coiffée d'un réseau garni de pierres précieuses, surmonté d'une toque de velours noir à plumes; elle porte un collier et des pendants d'oreille en perle fine.

                                                                 Bois.

18

N° 22.

RUBENS et SNEYDERS.

Intérieur de garde-manger.

Les figures de ce magnifique tableau sont peintes par Rubens, et le gibier ainsi que les accessoires par Sneyders.

(De la Collectoin du dernier roi de Bavière).   Toile.

N° 23.

RUYSDAEL (Jacques).

Marine. Effet d'orage.

A droite est une jetée sur laquelle quatre marins sont en vigie; à gauche un bateau pêcheur court devant le vent. A quelque distance on voit un vaisseau de guerre et d'autres bâtiments.

Toile.

N° 24.

RUYSDAEL (Jacques).

Vue d'Amsterdam.

L'Amstel occupe la droite du tableau ; au centre est un canal bordé par une prairie. Un rayon de lumière éclaire la ville. Les nuages, amoncelés sur le ciel, indiquent un effet d'orage.

Toile.

N° 25.

TÉNIERS (David).

25 — Intérieur de corps de garde.

Au premier plan, deux soldats jouent aux dés : l'un d'eux est assis près d'une table ; ils ont pour spectateurs trois autres soldats, dont l'un allume sa pipe. Derrière eux et auprès du feu, deux autres sont en train de causer. Au fond est une porte d'entrée, près de laquelle se tiennent quelques soldats. Au premier plan, à gauche, on voit un drapeau, les différentes pièces d'une armure, et tout un attirail belliqueux qui est épars à terre.
(De la Collection du comte Pourtalès). Bois.
Signé et daté, 1647.

N° 26.

adjugé 6000 à M. Nousslmann (handwritten)

TITIEN.

Sainte-Famille.

Toile.

N° 27.

VELDE (Adrien Van den).

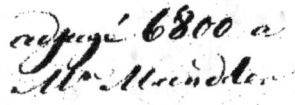
adjugé 6800 à M. Mundler (handwritten)

Bétail dans une prairie.

Le premier objet qui se présente au spectateur est un cheval bai : auprès de lui on voit une chèvre en train de brouter; à gauche, une vache et deux moutons au repos. Le fond est occupé par des ruines.

Toile.

N° 28.

VELDE (Adrien Van den).

Vaches au bord d'un ruisseau.

Le ruisseau est au premier plan; au second plan, sur la pelouse, cinq belles vaches se détachent sur une masse de ruines d'un ton vigoureux. Une d'elles, couchée et vue de profil, avec deux agneaux à côté d'elle, reçoit la principale lumière; une autre à droite, vue de dos, est couchée à côté d'une chèvre; une troisième, à gauche, est déjà dans l'eau. Enfin, les deux dernières sont debout: l'une est vue de dos et l'autre boit dans le ruisseau. A côté des ruines et dans la demi-teinte, un villageois cherche à embrasser une jeune fille; il est épié par deux petits pâtres placés de l'autre côté. Le ciel est brillant et nuageux, et tous les objets sont éclairés par une lumière douce et vraie.

Gravé au trait par Klauber.   Toile.

N° 29.

VELDE (Adrien Van den).

Marine. Calme.

De nombreux vaisseaux sont distribués de la manière la plus pittoresque sur l'étendue de la mer. Parmi eux, le plus remarquable est une corvette de guerre, présentant le flanc au spectateur et saluant un bateau à six avirons qui paraît venir de quitter la corvette. Ce bateau contient plusieurs personnages de distinction, avec un trompette à leur tête.

Toile.

N° 30.

—

WATTEAU (Antoine).

Mis à prix 6000
adjugé 25.000 à M. Francavilla

Le Repos de chasse.

(De la Collection du cardinal Fesch).   Toile.
Gravé.

———————

N° 31.

—

adjugée 1700   La Conversation.

Composition de deux figures, dans la manière vénitienne du peintre.

Toile.

N° 32.

WATTEAU (Antoine).

Le Lorgneur. *adjugé 2180 — M. Nieuwenhuys*

Deux musiciens : l'un debout avec sa guitare, l'autre assis et tenant une flûte ; près d'eux, une jeune femme qui joue de l'éventail, en regardant l'homme à la guitare : tel est le sujet de cette gracieuse composition.

(Du Cabinet de M. de Julienne). Bois.

N° 33.

WEENIX (J.-B.)

Nature morte. *adjugé 8000 — Marquis de Nicolaï*

Au premier plan, un lièvre est suspendu à une branche d'arbre, ainsi qu'un héron dont l'aile est étendue, et différents autres objets. Sur le devant, un fusil est posé au milieu du gazon.

Toile.

24

N° 34.

WOUWERMANS (Philippe).

Le Coche.

C'est une halte de voyageurs devant une auberge. Au milieu du tableau est un coche couvert d'une toile rouge, et attelé de trois chevaux : l'un d'eux, de couleur grise, mange à une auge, dans laquelle un palefrenier coupe quelques morceaux de pain noir. Un gentilhomme aide une dame à descendre de cette voiture : arrêté près d'eux, un jeune mendiant leur demande l'aumône. Sur le devant, un garçon et une fille jouent avec une chèvre. Vers la gauche, on voit un cavalier monté sur un cheval gris qui se cabre ; un autre sur un cheval bai ; enfin le gros hôtelier qui paraît prêt à les servir.
(De la Collection de lord Charles Townshend).
Gravé.   Bois.
Catalogue de Smith, p. 340.

N° 35.

WOUWERMANS (Philippe).

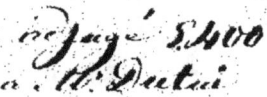

Paysage montagneux.

A droite, dans l'intérieur d'une grotte pittoresque, quelques bohémiens sont assis autour du feu. Tout à côté, un d'entre eux, avec deux enfants, dit la bonne aventure à une dame accompagnée d'un cavalier. Non loin de là, on voit un homme qui les regarde, et un jeune mendiant.
Catalogue de Smith, p. 268.   Bois.

4120 Imprimerie Maulde et Renou, r. des Fossés-St-Germ. l'Auxerrois, 14.

www.ingramcontent.com/pod-product-compliance
Lightning Source LLC
Chambersburg PA
CBHW030110230526
45471CB00003B/1355